HISTOIRE

D'UNE MALADIE

FRAGMENT
Relatif à son traitement

PAR

LE MALADE.

Pour servir à édifier le public sur les maisons d'aliénés.

PRIX : 40 CENTIMES.

BÉZIERS

IMPRIMERIE AUGUSTE MALINAS, RUE DE LA MADELEINE, 24.

1870

[illegible]

[illegible]

[illegible]

[illegible]

[illegible]

[illegible]

[illegible]

HISTOIRE D'UNE MALADIE

FRAGMENT

RELATIF A SON TRAITEMENT

PAR

Le malade.

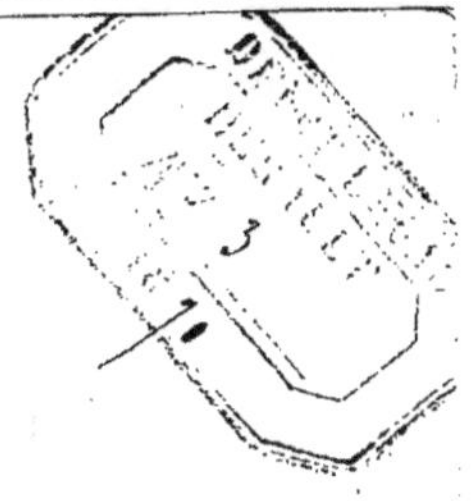

Si j'étais une célébrité ou si j'écrivais à tant la ligne, je donnerais beaucoup d'étendue à cette histoire et je la diviserais en quatre ou cinq parties. La première comprendrait un résumé de mon existence jusqu'à l'année dernière et démontrerait comment peuvent être paralysées, dans la société où nous vivons, les facultés utiles d'un homme; je dirais comment mon mariage fut hâté par un événement déplorable, et par celui-là même qui d'abord ne le voulait pas et qui profita de la circonstance pour le faire accomplir dans des conditions qui devaient rendre pour nous tout bonheur impossible; je dirais aussi par quel concours de circonstances j'ai été amené à avoir des gendres comme ceux que j'ai.

1871

Dans la deuxième, je décrirais les dispositions d'esprit dans lesquelles je me trouvais au commencement de mars 1869. J'y ferais figurer le projet d'exploitation agricole que j'avais rédigé et dont je fis lecture au cercle de commerce de B...; je raconterais mon voyage à M..., le 14 dudit mois, en compagnie de messieurs G... et D..., avocats, et B..., ex notaire, nos conversations et les divers incidents du voyage.

Dans la troisième, je réunirais les symptômes et les incidents qui ont immédiatement précédé ma maladie et le genre de traitement qui m'a été infligé dans la maison de mon père, sous la direction je ne sais encore de qui, mais, assurément, de gens qui voulaient ma perte et qui crurent bien qu'elle serait consommée. Je vais passer par dessus toutes ces choses, qui auraient néanmoins peut-être leur intérêt, et je vais au plus pressé, c'est-à-dire à ce qui est un abus public et une menace pour la liberté et la raison de tout citoyen qui a de mauvais parents, ou qui est mal vu de certains hommes du pouvoir. Je suis bien forcé, et j'en ai bien le droit, d'y mêler le pouvoir; car ces établissements fonctionnant sous ses yeux, il ne doit rien ignorer de ce qui s'y passe ou il forfait à son devoir, et, je vous le dis, ce qui s'y passe est immonde, cela paraît incroyable, impossible !

J'ai été malade, j'en conviens; j'ai divagué, je ne le nie pas ; j'ai battu une montagnarde qui m'exaspéra par ses cris, c'est encore vrai; et j'ai cassé les vitres d'une croisée afin d'attirer l'attention et d'obtenir du secours contre un danger imaginaire. C'est bien le cas de dire que pour éviter Charybde on tombe dans Scylla. Eh bien, je ne savais pas qu'être malade c'était le plus grand des crimes, puni du plus effroyables des châtiments, et qu'il suffisait d'être effrayé pour que le danger, s'il était imaginaire, devint effectivement réel et le plus affreux de tous.

Je fus donc déclaré en état de démence : par quels sages? Le docteur V... vint me voir le premier; plus tard, vinrent les docteurs C... et C. V..., médecins de mes gendres et de leurs familles, et mandés par eux; car ma femme demandait le docteur S..., que personne ne fut chercher.

Ces trois sages, ou deux, ou un seul, je n'en sais rien, déclarèrent qu'à M..., établissement R..., je serai bien soigné, et toutes mesures ayant été prises pour qu'il me fut impossible de revenir à moi, après une nuit passée entre les pattes de trois brutes, aussi inconscientes et plus féroces que des ours, lorsque, tout meurtri, le lendemain je ne demandais pas mieux que de rester au lit, sans avoir eu un instant de trêve ni de repos, sans qu'on eût essayé de me porter à ma maison et de m'y laisser en paix, je fus garroté et mis dans une voiture, le 22 mars à huit heures du soir, entre deux portefaix, le boiteux François et un autre, et le décrotteur Joseph en face. Ma femme, qui ne voulut pas me quitter, monta aussi dans la voiture ; mais, hélas ! ce qui s'était passé dans la maison que nous quittions l'avait mise dans un état semblable au mien.

C'est ainsi que, par les soins touchants de nos chers beaux-fils, nous fûmes expédiés sur M... Si c'est légal, ce qu'ils ont fait là, j'en doute fort; mais si une loi le permet, je déclare cette loi infâme et ses auteurs les plus ineptes des législateurs; car elle se prête à de tels abus, qu'on ne peut leur comparer que celui d'enterrer vivants.

Pour être juste, je dois dire que ces chers beaux-fils eurent cependant, avant notre départ, une touchante sollicitude.

J'avais quelques valeurs en obligations de chemin de fer que ma femme voulait emporter avec elle pendant le trajet forcé qu'on allait nous faire faire avec les honnêtes compagnons qu'on nous donnait : le danger que ces valeurs s'é-

garent les toucha beaucoup ; ne pouvant s'en emparer eux-
mêmes, leurs tendres et loyaux sentiments n'étant pas
suffisammant prouvés ; l'éloquence de M. V..., notaire, fut
employée par l'un, et la douce persuasion de D... l'avoué
et sa famille par l'autre, afin d'en dessaisir ma femme, et
que, s'ils avaient la douleur de nous perdre, qu'au moins
cela leur restât en souvenir ! Ils avaient confiance, ces chers
gendres, en ces honnêtes compagnons pour leur remettre
nos personnes, mais elle n'allait pas jusqu'à leur confier la
bourse. En effet, mon porte-monnaie, contenant une ving-
taine de francs, disparut dans la bagarre,

Et qui croyez-vous, lecteurs, qui a payé ces gens qui,
après m'avoir assommé, meurtri, me firent tomber dans
le délire et me conduisirent dans le plus abominable des
bagnes ?

C'est avec mon argent qu'il a fallu que ma femme les
paie ! Pendant que j'étais incarcéré, ils allèrent, sous la
conduite de ma fille aînée, réclamer leur salaire avec bruit
et menaces, au risque de faire tourner la tête à ma femme,
comme ils me l'avaient fait tourner à moi. Quel est l'homme, en effet, dont la raison aurait pu résister à cette extra-
vagante chose, que dans la maison de mon père, c'est-à-
dire dans le lieu de la terre où je devais me croire le plus
en sécurité, des portefaix et décrotteurs s'emparassent de
ma personne et que je fusse à leur merci sans aucun dé-
fenseur ! Les divagations, le délire dans lequel on devait
inévitablement me jeter en agissant ainsi ne sont rien auprès de celui de ceux qui croiraient faire du bien à un
homme en le traitant de la sorte.

Je fus mis de force dans cette voiture ; on sut même
trouver pour contribuer à ce rapt celui des voiturins qui
est mon ennemi, le sieur F... Jamais je n'aurais pu croire
que je pourrais être enlevé ainsi sous les yeux d'une foule

nombreuse sans que personne intervint en ma faveur ; il paraît qu'en disant qu'un homme est fou, tout est permis sur lui ; on peut le lier, le garroter, l'étouffer, sans que personne songe à le protéger. Du reste, quand la famille est là, je comprends assez que des étrangers n'osent pas intervenir. Or, dans cette circonstance, ma famille se composait de mon père et de ma tante, qui m'abandonnèrent après que je les eus embrassés ; de ma mère, âgée et infirme, au jugement faible et dominée par mon gendre C...; de ma femme, violentée et troublée presque autant que moi ; de ma jeune fille mineure, dont on ne tenait aucun compte ; de mes deux filles, dont la seconde ne put ni se faire écouter ni me donner ses soins, empêchée par les parents de son mari et tous les autres. Restent ma fille aînée et mes deux gendres, qui ont été les instruments actifs de tout. Je ne dois pas oublier le cher parent D... l'avoué, qui peut bien passer pour le sage des sages, qui leur a prêté ses bons offices et qui a correspondu avec le directeur de l'établissement R... pour opérer mon incarcération. Merci ! Si je connais l'orthographe de ce nom c'est aussi grâce à lui !

La voiture roule ; je suis maintenu par les portefaix que, dans leur sollicitude, ces excellents gendres m'ont donnés pour compagnons. J'ai les pieds liés, je crie, j'appelle, je dis à ma femme de casser les vitres pour attirer l'attention de quelqu'un ; nous sommes à la descente de V...; un moment la voiture s'arrête, un homme s'approche de la portière, je crus que j'allais avoir du secours... la voiture repartit. Je vis la lumière des trains qui montaient lorsque nous longions le chemin de fer ; à un certain moment, les vauriens dont j'étais la chose dirent : *se recounaïra !* (il se re-

connaîtra). Je reconhus bien une chose, c'est que j'étais
au pouvoir de brigands ou de gardes-chiourmes auxquels
je ne pouvais échapper. La nuit était complétement noire ;
la fumée de tabac que ces brutes fumaient sans cesse et
que je n'ai pas habitué agissait sans doute aussi sur mon
cerveau et maintenait l'obscurcissement de mon intelligence.

Cependant je me dis : à l'arrivée à M... tu auras quelque
secours ; on ne saurait enlever un homme ainsi ! Nous ar-
rivons, je vois des maisons, la voiture roule toujours ; elle
s'arrête, j'entends dire nous sommes à l'octroi, l'on s'in-
forme, il fallut rebrousser chemin et tourner à droite. Nous
longeons un mur ; la voiture s'arrêta deux fois, puis avan-
ça encore un peu et s'arrêta de nouveau ; un homme parut
à la portière, il était gracieux, souriant. C'était Z..., directeur de l'établissement R... Je ne me rappelle pas ce qu'il me
dit ; il m'engageait, je pense, à descendre et à le suivre, ce
que je ne voulus faire. Alors d'autres hommes arrivèrent, je
fus arraché de la voiture, ceux du dedans aidant ceux du dehors. Je me rappelle le cri de détresse poussé par ma femme
dans cette circonstance ; je ne sais plus où je suis ! dit-elle.
Je me rappelle avoir vu D..., mon gendre, qui courait auprès
de la portière de la voiture pour la faire arrêter où il fallait
(car ce dévoué, digne et généreux garçon m'a rendu ce service, il faut bien le dire, de suivre dans sa voiture celle qui
m'emportait et qu'il avait louée. Il avait avec lui sa femme et
ma jeune fille). Il était par conséquent censé être le chef ou
le commandant des trois brigands qui me tenaient enchaîné
dans cette voiture et qui allaient me faire enfermer dans un
lieu pire que le bagne, dans l'enfer même. J'entendis les
cris de mes filles, je les aperçus, éplorées, pendant l'instant rapide où je fus emporté. Tant de douleur aurait atten-

dri un rocher : l'automate D... n'en avait que de la joie. Il alla dîner de bon appétit avec son cocher Calvet.

C'est donc l'être à qui j'avais donné ma fille en le croyant un honnête garçon, à qui j'avais donné ma campagne à ferme pour un morceau de pain, parce que cela leur faisait plaisir, et qui de ma maison avait fait la sienne pour ma fille, lui et ses domestiques, c'est cet être-là qui a été l'exécuteur de mon incarcération dans un lieu auquel il n'y a de comparable que l'enfer, l'enfer des damnés, avec cette différence qu'on y met ici de parfaits honnêtes gens tout aussi bien que d'autres. Et il n'a pas même l'excuse d'avoir agi bêtement. Sa conduite postérieure m'a dévoilé que c'était son instinct cupide qui l'avait guidé et qu'il trouvait parfaitement à son goût d'être mon héritier le plus tôt possible. Pour toute sollicitude il s'informa auprès du directeur si je mourrais bientôt. Et, avec la malheureuse expérience que j'ai du sujet, ne croyez pas, lecteurs, que, si ces lignes tombent sous ses yeux, elles lui fassent de la peine ; je suis persuadé qu'il y verra son éloge. O Empire, ce sont là tes élèves !

Il signa de grand cœur sur le registre d'écrou de cet établissement. Ma femme fut requise de signer ; elle ne sait ce qu'elle griffonna ; voilà pour la légalité. Un ou deux hommes sachant couper des bras et des jambes ayant fourni un certificat, deux beaux-fils bien aises d'être bientôt héritiers, voilà ce qui a suffi pour me faire séquestrer dans le lieu le plus épouvantable de la terre. Je dis le plus épouvantable, car maintenant que j'ai eu l'irréparable malheur d'y avoir été mis, je dis qu'il vaut mieux tuer un homme, l'étouffer, l'étrangler, l'enterrer vivant, le faire périr d'une manière quelconque plutôt que de le mettre là. Mes souffrances, dans aucun de ces cas, n'auraient pas été plus grandes et elles auraient été plus courtes ; car le souvenir des abominations que j'ai endurées sera un supplice maintenant aussi long que la vie. Pardonnez-moi donc, lecteur, la vengeance de les publier, et je crois en cela rendre un service à la société ; car mon récit pourra peut-être contribuer à faire cesser d'aussi épouvantables crimes.

Je fus donc arraché de cette voiture par quatre hommes, je fus introduit par une porte en face qui se ferma sur moi. Je me dis rapidement en moi-même : Est-il possible qu'il y ait si près d'une ville des brigands qui puissent emporter un homme ainsi? Ce guet-apens ayant eu lieu en présence de D..., naturellement je crus que c'était ce ..... qui payait les coupe-jarrets qui m'emportaient; je criai : C'est l'or de D... qui me fait enfermer ! Mes cris, qui furent entendus de l'octroi, furent inutiles. Ce brigandage, il paraît, est parfaitement permis, toléré, encouragé peut-être ! Je dis encouragé, car qui peut nier que l'impunité ne soit un encouragement? Or, après avoir survécu comme par miracle à une série d'atrocités et d'avanies incroyables, j'ai dénoncé les coupables, et ils n'ont pas même eu une réprimande !

Je résistais, je me démenais. Serait-il possible raisonnablement de se laisser emporter ainsi sans résistance? Je remarquai, autant qu'il me fut possible, l'itinéraire qu'on me faisait suivre; j'étais porté les pieds en avant, un brigand à chaque membre, nous longions un mur à gauche, on me posa par terre deux ou trois fois pour reprendre haleine, on tourna encore à gauche, on marcha quelque temps encore, on me posa dans une chambre au rez-de-chaussée. Là je fus violemment dépouillé de mon paletot qu'on me mit en pièces; ma tête, du contre-coup, rebondit sur le parquet, et, avec une entente et une adresse qu'une longue pratique peut seule donner, sans autre forme de procès, sans explication, sans un mot, je fus emmailloté dans l'horrible habillement que les furies ont inventé, dans la camisole de force enfin ! Scélérats immondes ! je ne vous accuse pas de n'avoir pas su ce que vous faisiez, c'est-à-dire de m'avoir appliqué routinièrement et inconsciemment un système de traitement adopté ; non, tant de stupidité est impossible ! Il n'est pas possible que vous ayez cru me soumettre ainsi à un traitement qui puisse guérir ! Vous étiez payés pour me rendre fou ! et votre industrie, votre établissement ne sont pas autre chose qu'une fabrique de fous ! et vous êtes cependant de très honnêtes gens ! Ce Z... est gracieux, charmant, ce G..., le médecin, est toujours souriant, doucereux, c'est un homme du meilleur monde, toujours mis avec recherche et d'une propreté parfaite à l'*extérieur*. Le métier qu'ils font ne peut être qu'un métier honnête, ils ont l'air si honnête !

Je sais bien quelle est leur ressource pour répondre à mes récriminations, c'est celle de tous les médecins : tout malade qu'ils traitent et qui ne succombe pas c'est qu'ils l'ont guéri !

Cela est pour eux un axiome de mathématiques ; mais moi qui sais tout ce qu'ils m'ont fait endurer, dans quel état ils me mirent, qui me rappelle la série de terreurs à laquelle ils m'ont soumis, et que jamais ils ne m'ont adressé une parole rassurante ou de consolation, je ne puis être de cet avis ! Je sais pertinemment que c'est malgré leur traitement que je possède encore ma raison ; et enfin pourquoi me fâcherais-je si j'avais reçu chez eux de bons soins ? Je m'empresserais, au contraire, de les remercier, de leur rendre grâce ! Ce n'est pas le dépit d'avoir été enfermé dans une maison de fous qui me fait parler ; ce fait est patent, cet opprobre, il me le faut porter, et si je n'étais guidé que par mon intérêt, je garderais le silence ; mais je suis si convaincu qu'il s'exerce là une *industrie* si coupable, si criminelle, que je crois que c'est pour moi, victime échappée à cette mort civile et morale, un impérieux devoir de la dénoncer.

Je sais bien encore que les premiers coupables ce n'est pas eux ; ce n'est pas eux qui sont venus me chercher à B..., on m'y a mené et, je le sais bien, ce n'était pas pour que j'en sorte ! et là-dedans on a opéré en conséquence. Ces brigands travaillaient sur ma personne avec le même sans façon que les bouchers qui abattent un bœuf, ou qui égorgent un mouton, et ne me donnaient pas plus d'explication de leur conduite qu'on n'en emploie avec ces animaux. Pour l'accomplissement de cette besogne ils ne parlaient pas, ils se comprennent, paraît-il, par signes, et ils s'entendent à leur métier ! Ils ne se posèrent pas seulement cette question : Que faisons-nous de cet homme ? non, tout était préparé, le rôle de chacun connu d'avance. La fabrication des fous se fait ainsi !

Quel bouleversement, en effet, ne devait-il pas s'opérer dans mon esprit ? Emporté garotté de B..., par une nuit noire, privé par conséquent de la vue de la campagne, vue qui, à elle seule m'aurait fait revenir à moi ; mais les trois brutes qui étaient là auraient bien empêché ça, et je n'aurais peut-être pas été plus avancé ! J'étais, en effet, leur prisonnier, leur consigne était de me faire enfermer, ils ne pouvaient pas *raisonnablement* y manquer. A l'arrivée à M..., je suis de nouveau saisi et emporté par d'autres brigands, puis attaché sur un lit et abandonné là ! Ils prétendent rendre ainsi la raison à ceux qui l'ont perdue, ces gens-là ! et moi je trouve parfaitement évident que c'est le moyen de la faire perdre à celui qui l'a, et je crois que beaucoup de monde seront de mon avis. Cela ne pouvait manquer, en effet ; après les efforts que je fis pour empêcher qu'on m'attachât, après les soubressauts que je fis pour rompre mes liens, je dus m'évanouir, je restai inerte ou endormi, je n'en sais rien.

On avait laissé un homme pour me surveiller, le nommé Raimond ; sa figure ne sortira pas de ma mémoire. Il se promenait placidement, de temps en temps il prenait sa prise de tabac, il me regardait du coin de l'œil, je le regardais aussi, je ne pouvais m'imaginer un brigand aussi tranquille. Je me rappelle lui avoir adressé des questions auxquelles il ne faisait aucune réponse satisfaisante ; une fois je l'entendis se plaindre d'être seul, car de temps en temps je faisais de violents efforts pour briser mes liens ; aussitôt arrivaient quatre ou cinq autres avec leur chef G..., qui me mettaient un lien de plus, je me le rappelle très bien. Outre les manches qui devaient faire le tour du lit, on fixa successivement à ses barreaux de fer deux liens à la tête et trois aux pieds. Que voulez-vous que devienne un malheureux ainsi pris et traité de la sorte !

Après une pareille abomination, je crois qu'il serait temps de tirer l'échelle ; je n'étais coupable d'inobservation d'aucune loi, d'aucun acte de complot ni de révolte, je n'avais point essayé d'introduire de *religion* nouvelle ; j'avais toujours vécu en honnête et bon citoyen, j'ose le dire ; j'avais toujours rempli, autant qu'il était en moi, mes devoirs de fils, de père et de mari ; j'avais jusqu'alors travaillé comme un malheureux pour laisser quelque bien-être à mes filles, et me voilà traité comme ne le sont pas les derniers des scélérats ! J'avais été saisi d'une frayeur imaginaire, et voilà comme on me rassurait ! Il faut convenir qu'on ne peut comparer à cela qué l'action de l'ours jetant un pavé sur la tête de son maître pour le délivrer d'une mouche. Or, comme tant de stupidité n'est pas admissible, il faut convenir que rien n'est ignoble comme *l'industrie* qui s'exerce dans ce lieu maudit.

Ils ne m'ont pas tué, j'en conviens, je conviens même que ce n'est pas cela qu'ils voulaient faire; mais ils ont voulu tuer mon intelligence; s'ils n'y ont pas réussi, c'est que le temps leur a manqué peut-être, mais ils n'ont rien à se reprocher, ils ont fait ce qu'ils ont pu pour cela !

Vous vous en convaincrez, lecteurs; nous n'en sommes encore qu'au commencement !

Je fus laissé cloué, inanimé sur ce lit je ne sais combien de temps. Est-ce vingt-quatre heures, plus ou moins, je n'en sais rien; j'y perdis totalement connaissance. Quand quelqu'un vint, il me sembla que j'étais borgne de l'œil gauche; m'y avait-on mis quelque emplâtre dessus ? Je n'en sais rien, mais il me semble qu'on m'ôta quelque chose et j'y vis alors des deux yeux. Je fus délié, on me fit lever, puis je fus poussé, bousculé jusqu'à une salle de bains où se trouvent, je crois, quatre baignoires. Je ne voulais pas aller dans celle du coin, près de laquelle est le tuyau des douches; je me serais mis volontiers dans celle d'à côté, prête également pour un bain, ce que voyant, un gardien la renversa. C'est dans l'autre que je fus mis de force, et là je fus soumis à un supplice que je croyais et que l'on croit aboli, celui du carcan ! On fixa sur la baignoire un appareil en fer qui ne laisse que la tête hors de l'eau, et les voilà tranquilles; ils sont bien certains que je resterai dans la baignoire, et tout le temps qu'ils voudront. Cette tête qui dépasse par une lunette pareille à celle de la guillotine, que va-t-elle devenir ? Impossible assurément que jamais elle puisse rendre compte de ces choses au monde des vivants ! Tu es, malheureux, condamné à la folie, tu es dans l'atelier qui les fabrique, et nous nous y entendons ! tu es notre propriété, et tu ne nous échapperas pas ! Effectivement, quand on me tira de cette baignoire, où on me laissa je ne sais combien de temps, j'étais plus bouleversé que jamais.

Qui se serait douté que nous fussions dans un monde où des choses aussi sataniques pouvaient se passer? Dire les idées qui me passèrent par la tête et dont jai gardé quelque souvenir serait puéril; elles ne pouvaient pas être assurément raisonnables; ce qui se passait autour de moi depuis quelques jours l'était si peu! Néanmoins je ne puis taire que quand je me vis dans l'impossibilité de me mouvoir et d'atteindre au robinet, pour régler la température du bain, je crus que c'était parce qu'ils voulaient lâcher l'eau froide ou l'eau chaude, pour me geler ou pour me cuire, selon leur volonté. Que penser, en effet, d'une pareille sauvagerie?

Cependant j'observais les lieux et les personnes; la disposition des lieux et la physionomie des personnes ne sont pas sorties de ma mémoire. Mathieu Belaman, Martin Cros et Baptiste (je n'ai su, bien entendu, les noms que plus tard et tels qu'on me les a donnés ou qu'ils s'appelaient entre eux) me gardaient tour à tour dans le bain. On a bien pu même m'y laisser seul, il n'y avait pas danger que j'échappe, et j'y perdis connaissance. Quand je vis mon cou pris dans cette guillotine et qu'on ne me cuisait ni ne me gelait, je crus bien alors qu'on voulait m'étrangler, qu'on n'aurait qu'à faire jouer un ressort et que cela serait bientôt fait.

Quand on me ramena à la chambre et qu'on voulut me coucher, je m'aperçus que le lit formait une proéminence du côté de la ruelle; je refusai de m'y coucher, mais on m'y força. M'y attacha-t-on alors? je n'en sais rien. Tout fut fermé, je ne vis plus rien; avait-on laissé quelqu'un dans la chambre pour me surveiller? il me paraît que si et qu'un homme circulait autour de mon lit. Il aurait été alors caché dans ce lit et ce serait lui qui aurait formé la proéminence que j'avais remarquée.

Cet homme, laissé pour me surveiller, m'aurait délivré de mes liens, si j'en avais, et se serait esquivé après. Il s'agis-

sait sans doute de savoir ce que je ferais étant libre de me
mouvoir. Je me levai alors ; cette proéminence du lit que
j'avais remarquée me donnait des inquiétudes. Je cherchai
à savoir ce que c'était, je bousculai matelas et paillasse, je
ne trouvai rien ; puis me voyant enfermé là-dedans et prisonnier d'une aussi violente et étrange manière, sans savoir
pourquoi, je cherchai la porte à tâtons ; intérieurement il y
avait une porte vitrée qui n'était point condamnée ; je par-
vins à l'ouvrir, mais la porte extérieure résista. Je frappai,
j'appelai, personne. Alors je saisis la porte vitrée et je la
lançai avec violence en la fermant. Jugez comme les vitres
dégringolèrent ! Qu'aurait fait, je vous le demande, tout
homme raisonnable à ma place, enfermé et abandonné ainsi
sans explication ? Serai-je laissé là pour toujours ? voià la
première question qui se présente. Je fis donc du bruit autant que je pus, espérant que je pourrais être entendu par
quelqu'un qui viendrait me porter secours. Hélas ! aucun
secours ne devait arriver.

Quelqu'un s'est-il jamais trouvé dans une situation plus
faite pour lui faire perdre la tête ? N'est-il pas clair comme
le soleil qu'on ne m'y a mis que dans ce but ? Qui pourrait
croire de pareils procédés capables de rendre la raison à
celui qui l'aurait perdue ? Non, le venin social s'est concen-
tré dans cet antre. Celui qui est soupçonné d'avoir une intelligence redoutable aux tyrans et à la camarilla infâme,
qui, telle qu'une immonde et gigantesque araignée, a jeté
ses filets sur la société, hé bien, on n'a pu le déporter,
puisqu'il a observé même les lois qu'il n'aime pas, on n'a
pu l'emprisonner selon les formes légales, parce que c'est
un honnête homme ; on ne peut plus brûler, faire pourrir
dans les in-pace. Eh bien, ils ont trouvé mieux que ça : Pour
peu qu'il appartienne à une famille qui se prête à la chose,
ils le rendront malade, au besoin, ou tout ou moins ils pro-

fiteront d'un moment de maladie, puis ils le prendront, sous prétexte de le soigner (et le public croit cela assez généralement), et je vous assure que leurs *soins* équivaudront bien à tous les anciens moyens, qui auraient le tort, maintenant, de choquer l'opinion. C'était autrefois les sbires de la sainte inquisition qui s'emparaient des individus suspects d'être des esprits indépendants ; cela se faisait ouvertement, au grand jour ; ils ne peuvent plus, *malheureusement*, les pauvres gens, agir ainsi ; mais ils ont trouvé, je le répète, bien mieux que ça. Ils arrivent non seulement au même but, de supprimer l'homme qu'ils veulent perdre, mais encore ils le dépassent, et de beaucoup. Supprimer l'homme, cela est un procédé brutal, ancien et *insuffisant*. Le mieux est de supprimer l'intelligence et, en la supprimant, de la déshonorer. Et ce qui est parfait, c'est qu'ils font cela et passent encore pour de touchants philanthropes !

Me voilà donc, de violence en violence, de supplice en supplice, finalement verrouillé dans une cellule ; abandonné, seul ! N'est-ce pas fait pour devenir .... et .... sans retour ? Que fis-je après avoir frappé et appelé inutilement ? Il me reste un souvenir très précis que, pour faire du bruit encore, je chantai ; et ce qui est drôle, c'est que ma voix, me paraît-il, était devenue vibrante et musicale. Je chantai ainsi, dans une musique de ma façon, des paroles vraiment de circonstance ; je disais : « Ami, point de terreur, » etc. Une pareille situation, succédant à une suite de violences inouies et incroyables, était bien faite pour achever de me faire perdre la tête ; aussi je ne puis guère maintenant raconter les choses selon leur ordre chronologique.

C'est pendant la nuit, je suppose, que je fus abandonné à toutes les terreurs que peut forger l'imagination. Le matin la porte s'ouvrit, plusieurs hommes entrèrent ; il y en avait un à leur tête paraissant animé d'un zèle empressé. C'était G…, le médecin. Il venait contempler son œuvre, voir si le traitement faisait son effet et si je serais bientôt suffisammant fou. Voyant le désordre de la chambre, on lui donna quelques explications que je n'entendis pas ; alors il dit : « A faire *ça*, il fallait mettre double matelas et double paillasse. » Je ne sais ce qu'il voulait dire avec son *ça* ; mais assurément ce n'était rien de bon pour moi.

Que fit-on, que dit-on ? Je n'en sais plus rien. Je fus de nouveau couché et abandonné. Pendant un temps que j'évalue à cinq ou six jours, je ne sortis pas de cette chambre ; pas une visite, pas une consolation. A un certain moment, je m'imaginai que j'étais renfermé dans quelque cachot du bagne, et bientôt après j'entendis poser au dehors, devant ma porte, comme un monceau de chaînes…

Je crois que de plusieurs jours on ne me donna rien à prendre, ni boire, ni manger ; aussi après le délire vint l'atonie. Épuisé, perdu totalement, je m'étais endormi, je pense. Je m'éveille : j'avais perdu tout souvenir… Je suis dans un lieu noir comme un tombeau… aucun bruit humain ne s'entend… Je me demandai sérieusement alors si j'étais mort ou vivant ; je remuai un bras, puis l'autre ; donc tu n'es pas mort, me dis-je, mais es-tu ici pour toujours ? es-tu enterré vivant ? Voilà dans quelle position terrible, épouvantable, ils mirent un homme coupable d'avoir été malade ! et ça s'appelle, ça passe pour des philanthropes, pour des gens de science qui rendent la raison, tandis qu'ils ne cherchent qu'à la faire perdre sans retour ! Voilez-vous la face, malheureux ! ma voix accusatrice se fait entendre et vous allez faire horreur !

Ces nuits passées là étaient sans fin. Cependant le jour vint ; des hommes entrent ; on me tient les bras, on me découvre les jambes, l'un (c'était G…) me plonge un bistouri au-dessous du genou gauche. Je vois jaillir un jet de pus ; c'était un furoncle qu'on venait de me crever. J'en eus un autre à la jambe droite qu'on opéra de la même manière. J'avais la main gauche énormément enflée et pleine d'ampoules qu'on me creva aussi, ainsi que quelques unes à la main droite. J'étais donc estropié des quatre membres ; cela rendait leur tâche plus facile.

Enfin la porte fut laissée ouverte pendant le jour ; je vis une portion de cour, un arbre devant la porte, au fond une petite construction comme une poterne. La journée s'écoulait sans que je visse le soleil, cette porte faisant face au nord. Je pus alors me croire transporté au pôle ou sur une autre planète, je n'en sais rien.

Dès lors, chaque matin le gardien Baptiste vint ouvrir. Il me disait : « Monsieur *Polite*, voulez-vous vous lever ? » — « Non. » C'était ma réponse. A quoi pouvais-je m'attendre de bon là-dedans, soit que je me levasse, soit que je restasse couché ? Comme vous voudrez, répliquait-il. Il me porta alors à manger dans cette chambre ; je me rappelle lui avoir vu approcher une ou deux fois une table du lit. Ce que je mangeai, je n'en sais rien ; il paraît que l'instinct de la conservation fait que l'on mange encore dans ce pitoyable état. Je ne leur sais pas gré de cette humanité, car je sais fort bien que ce n'est pas l'homme qu'ils voulaient faire revivre en moi, c'était la bête ; que dis-je ! beaucoup moins ; les hommes qu'ils détiennent là-dedans sont moins que des bêtes, et lorsqu'ils ont opéré cette transformation, lorsqu'ils ont réduit notre être à un état de dégradation inconnue dans les temps barbares et sauvages, ils sont contents de leur œuvre, ils ont accompli un acte d'humanité, disent-ils !

—

Ce récit me fatigue, lecteur ; vous intéresse-t-il ? C'est

possible. Je vais donc tâcher de le continuer. C'est la quatrième fois que j'entreprends ce travail; je le referais peutêtre sans cesse que je ne pourrais lui donner la tournure saisissante qu'il devrait avoir, et je suis décidé, cette fois, à le faire imprimer tel et quel. Je compte sur l'indulgence du lecteur pour me pardonner les défauts de mon style et le désordre de ma narration. Un homme ayant enduré tant d'abominations est bien excusable de faire de pareilles fautes, surtout lorsqu'il n'a reçu que très peu d'éducation.

Mais désormais je vais abréger davantage encore et je ne dirai que les choses les plus saillantes. Vous m'avez vu dans une situation si horrible, qu'on ne peut s'imaginer que des hommes puissent y soumettre un autre homme : eh bien, maintenant cela va être pire encore. Jusqu'ici ça n'a été que violence pure et simple; maintenant nous allons entrer dans le domaine de l'ironie, de la moquerie. On va se donner le plaisir de voir un fou, de compléter la folie, et d'en rire.

On me laissait toujours dans cette chambre, nuit et jour. Je n'avais point d'habits, on n'avait laissé d'autre meuble que le lit fixé au parquet, le gardien ne m'avait pas encore proposé de me lever ; enfin, impatienté de me voir toujours laissé là et voyant la porte ouverte, je m'enveloppai d'une couverture et je sortis dans la cour : Personne dans cette cour... La première chose qui me frappa ce fut une rangée de pierres tumulaires ; je suis donc dans un cimetière ? me dis-je. Quelle rassurante perspective s'offrit d'abord à mon regard ! Je me renfermai plus effrayé qu'auparavant.

D'explications, de paroles rassurantes, aucune. Les jours suivants je sortis encore, pieds nus, avec ma couverture pour habillement. Au moins, dehors, je voyais le soleil, quelques arbres. J'entendis des cris, je levai la tête et je vis sur un belvédère quelque chose enveloppé d'une étoffe noire pouvant dissimuler une personne ; je crus que c'était ma mère qui, de ce point, veillait sur moi (car les cris que j'entendais avaient de la ressemblance avec le timbre de sa voix). Je l'appelai : ma mère ! Ce cri inarticulé répondit seul à ma voix. J'ai su plus tard que c'était un enfant détenu dans le quartier des femmes qui jetait ces cris.

J'errais dans cette cour, ne comprenant plus rien à la position qui m'était faite. Une fois plusieurs hommes vinrent ; je fus bousculé, rudoyé par l'un d'eux pour être passé à tel endroit qui m'était défendu, disait-il. Je n'avais bien certainement aucun droit, je le voyais bien ; aussi, les jours suivants, je ne savais comment faire, quelle était la partie de cette cour où il m'était permis de circuler, quelle était celle qui m'était défendue.

Une fois on traça par terre une courbe et on me dit : Il ne faut pas dépasser ce cercle. — Quelques pailles provenant des balayures de ma chambre étaient éparses dans cette cour ; il me fut ordonné de les ramasser, sans quoi, me dit-on, elles allaient s'enflammer et faire sauter une mine, ce qui alors me parut bien possible et me rappela qu'à M... existe une citadelle où se font de pareilles expériences ; et certes je ne savais pas si le lieu où j'étais en était ou n'en était pas une dépendance.

Voyez quels stratagèmes infernaux pour me faire perdre la lueur de raison qui me restait encore ! Abandonné d'abord dans cette chambre, jusqu'à ce que l'ennui d'être toujours couché sur ce grabat m'en arrache, on ne me donne pas même d'habits ; il me faut envelopper d'une couverture et sortir pieds nus si je veux franchir le seuil de cette porte ; je sors, je suis dans un enclos où se trouvent des pierres tumulaires qui font penser qu'il sert de cimetière, j'erre perdu là-dedans, j'appelle, et quand quelqu'un apparaît, ce n'est que pour me causer de nouvelles terreurs !.

Et ce n'est pas fini, nous en verrons bien d'autres! Les violences inouïes auxquelles j'ai été d'abord soumis, violences injustifiables, car je n'ai pas même songé à faire du mal à ceux qui m'en faisaient, dans les moments où on me laissait libre, ces violences m'avaient jeté dans le délire, et maintenant c'est l'imbécilité, c'est l'idiotisme qu'on veut obtenir.

Que pouvais-je penser, livré à un tel abandon et après une suite de traitements inconcevables? Avais-je commis un crime sans le savoir? Étais-je cause de quelque désastre public? j'inclinais à le croire, voyant comment on me traitait; et tout à point pour me confirmer dans cette manière de penser, apparut au-delà de la porte grillée qui fait communiquer cette cour à la plus grande le gardien Baptiste avec le *Messager du Midi* à la main; il s'assit en face et lut à haute voix un article dont je n'entendis que la fin, ainsi conçue : « Ces deux malheureux ont été condamnés à mort. » Je crus alors que c'était moi et ma femme qui étions ainsi condamnés à mort, et je m'attendais à voir bientôt dresser la guillotine dans ladite cour; car ma détention ayant eu lieu sans aucune forme de procès, je pouvais bien croire qu'on procéderait à huis clos pour mon exécution.

La première fois que je vis des hommes à travers cette porte grillée, j'y courus, j'appelai, je demandai qu'on me délivre ; tous passèrent indifférents. Avais-je jusqu'alors compris que j'étais dans une maison de fous? Je l'ignore. Il me semble avoir eu rapidement cette pensée lorsque je fus arraché de la voiture, transporté ainsi, comme une bête qu'on veut égorger, et puis lié dans le honteux appareil du dernier supplice; mais je n'avais pas trop le temps de raisonner ni de penser; la résistance, qui, seule, me paraît logique lorsque des violences s'exercent contre nous, absorbait mes efforts et mes pensées, et d'ailleurs tout se passait

si rapidement que je n'avais pas trop le temps de raisonner.
Or il paraît que, d'après ces brutes, résister à leurs agréa-
bles procédés c'est être fou, et que, dès lors, si on se laissait enfermer comme un agneau ce serait ne l'être pas !
Que des hommes raccolés au bagne puissent raisonner
ainsi, c'est possible ; mais que des gens qui ont eu de l'in-
struction puissent le faire, cela ne se peut ; et conséquem-
ment toutes ces atroces violences ne sont exercées que pour
faire perdre la raison à celui qui y est soumis. Je suis persuadé que si en arrivant à M... on m'avait fait promener
un peu, soit dans la ville, soit dans la campagne, que l'on
m'eût seulement fait faire dix pas sur la route, je serais re-
venu à moi tout de suite. Mais ce n'était pas pour cela qu'on
m'avait fait faire ce voyage, *escorté comme je l'avais été.*
C'était pour m'engloutir dans le gouffre de la folie ; car
d'ores et déjà on m'avait fait subir des traitements qu'il aurait été bon pour leurs fauteurs qu'un silence éternel les
couvrît.

Ces hommes, c'étaient des statues marchantes ; mes de-
mandes de secours ne les touchaient nullement ; en avaient-
ils eu, eux, si on les avait soumis aux mêmes traitements ?
Cependant il y en avait parmi eux d'intelligents, mais d'une
intelligence infernale ; c'était les gardiens. Leur esprit ne
s'exerçait qu'à me causer des terreurs, ils voulaient surtout
que je n'approchasse pas de la grille ; tantôt ils me donnaient à entendre qu'un canon allait partir braqué contre
cette grille, une autrefois qu'un ouragan allait l'emporter...

Chose inouie ! une fois je passai le bras gauche à travers
cette grille pour faire signe à quelqu'un de ces hommes
que je voyais de l'autre côté ; aussitôt deux ou trois gardiens
cachés derrière le mur se précipitèrent, me saisirent la
main et tentèrent de me tordre le bras ! une main à laquelle
j'avais bien du mal cependant, et un bras que j'avais été

fort étonné qu'il ne fût point désarticulé à l'épaule lorsque je fus détaché ! Je pus cependant me dégager.

Tant de scélératesse paraît incroyable, et cependant mes souvenirs sont très précis à ce sujet, aussi bien que dans tout ce que j'affirme. Quel intérêt, cependant, avaient-ils à commettre une pareille atrocité ? C'était sans doute pour accroître ma terreur et mon désespoir. Et ils sont persuadés, d'ailleurs, que dans *l'état de folie* on ne souffre et on ne se rappelle rien.

J'en fus réduit à regarder par cette grille ce qui se passait de l'autre côté. Partout ailleurs il n'y a que murs de quatre mètres de hauteur, et là du moins je voyais quelque chose. Parfois je voyais sur un banc de pierre un sac à linge rayé de blanc et de noir, pareil à ceux en usage aux Dames-Noires pour mettre le linge sale. Était-ce pour me faire croire que ledit couvent, où j'avais ma jeune fille en pension, était dans le voisinage ? Ce ne pouvait être que pour me causer une illusion pareille, car plus tard j'ai vu ce banc, et j'ai vu qu'il n'y avait aucune porte dans ce coin ; cependant j'ai vu plusieurs fois un homme emporter ce sac et faire semblant de sortir par ce coin où il devenait invisible pour moi, et en même temps un bruit de portes et de voix se faisait entendre.

Une fois parurent à cette grille plusieurs hommes ; il y en avait un grand, mince, encore jeune. Je leur demandai de me faire sortir, de me délivrer ; pour toute consolation, le grand me dit sous forme de menace : « Prenez garde que je suis le procureur impérial, » etc. L'était-il, ne l'était-il pas ? je n'en sais rien. Une autre fois c'était une sœur (c'est-à-dire une grosse femme habillée en religieuse). Je crus pouvoir l'implorer ; son habit m'autorisant à compter sur sa charité : pour toute réponse elle fit une moue dédaigneuse et s'en alla...

Un autre, un monsieur bien mis entra ; je crus que c'était un libérateur, je courus l'embrasser en l'appelant mon sauveur ; il me parut tout surpris, je ne sais ce qu'il me dit, il s'en alla bientôt et je ne l'ai plus revu. Était-ce un inspecteur chargé de surveiller cet établissement? Dans ce cas, il n'aurait pas trop fait son devoir. J'étais dans un pitoyable état, j'en conviens ; mais pouvait-il en être autrement après une suite de pareils traitements?

Cet abandon et cette claustration dans cette cour ne leur suffisait pas. Ces dignes collaborateurs de Belzébuth (les gardiens) me donnaient à entendre que presque partout le sol était miné, que les murs, que le sol, crevassés à certains endroits, allaient se démolir et s'effondrer si j'en approchais ; aussi ne savais-je où me tenir ; j'étais grondé et menacé partout.

Ces excellentes gens s'amusaient parfois dans la grande cour à jouer aux boules ; je les entendais dire : *Taoule-lou* (fous-le par terre)! et cela précisément lorsque j'étais censé leur désobéir. Ils employaient encore d'autres expressions dans leur jeu qui s'adaptaient si admirablement à la situation qui m'était faite, que quand je les entendais dire *taoule-lou!* je croyais que c'était le conseil de l'un d'eux à un autre de me ficher par terre d'un coup de fusil. C'était un jardinier de l'établissement dont je n'ai pas su le nom et qui plus tard, le lui ayant demandé, refusa de me dire qui employait cette expression.

Lorsque, par la lecture de l'article du *Messager du Midi* dont j'ai déjà parlé, on m'eut mis dans la tête des idées de condamnation à mort, à plusieurs reprises j'avais vu à travers la grille des hommes portant un billot, comme pour exécuter à la hache. Ils disparaissaient derrière le coin où je croyais la grande porte d'entrée, et puis j'entendais du bruit comme s'il se faisait là une exécution...

Puis ce fut plusieurs hommes qui vinrent regarder par la grille. Il y avait parmi eux un hideux vieillard vêtu d'une vieille robe de chambre; je demandai qui c'était, on me dit que c'était le fossoyeur de l'établissement... (C'était le nommé de Saint-Victor.) Comme cela rien n'y manquait, on pouvait exécuter et enterrer. Plus tard le nommé Crespon fut amené devant la grille; c'était, me dit-on, le photographe qui venait prendre la photographie du condamné...

———

C'est pendant environ douze ou quinze jours que je fus abandonné à cette solitude et à ces terreurs, soit dans la cour ,soit dans la chambre.

On finit cependant par me donner des habits, la commode qui avait été enlevée fut réinstallée dans la chambre, et cette commode devint pour le gardien Baptiste le gobelet d'un escamoteur. Le premier jour elle était vide, le lendemain il en sortit mes propres habillements; un matin il me dit : Vous n'aviez pas un pardessus? — Si, lui dis-je, et ce pardessus se trouva dans la commode; et ainsi des autres choses qui m'étaient envoyées. Le dessein de ce gardien ou de ceux qui le faisaient agir ainsi, c'était de me faire croire que j'étais dans un lieu enchanté et que, par des procédés magiques, il pouvait faire arriver dans cette commode tout ce qu'il voulait. Passe pour mes habits, je compris bien qu'on pouvait me les envoyer et les placer dans la commode lorsque je n'étais pas là; mais un beau matin il en sortit devant mes yeux une douzaine de sacs à linge qu'aucune nécessité assurément n'obligeait à placer là! Cela, ainsi que tout le reste, fait partie d'un système adopté et porté à sa perfection par une longue pratique, pour perdre complétement l'intelligence desmalheureux qui tombent entre leurs mains.

Il nous faut des pensionnaires, me disait cyniquement

plus tard G..., le médecin. Si cette parole, ainsi que d'autres que j'obtenais de la bouche des gardiens, me faisaient brutalement comprendre en quel lieu j'étais, elles ne me rassuraient pas davantage au sujet de ma sortie!

Qu'ai-je fait, leur disais-je, pour être retenu ici, pour que je ne voie aucun des miens ni aucune personne que j'aie connue? quelle catastrophe immense est-elle donc arrivée? que sont devenus ta femme, ta jeune fille et les autres? — Les explications que j'obtins à force de lamentations c'est, de la part du gardien Mathieu, que j'avais fait des bêtises et qu'on m'avait enfermé. Mais pour des bêtises on ne garde pas un homme ainsi indéfiniment prisonnier! Si c'était un crime que j'ai fait, on m'aurait fait comparaître devant un tribunal, on m'aurait donné des juges! Qui se serait douté qu'il y avait un lieu pire que le bagne, pire que la bastille, où l'on puisse ainsi être enfermé sans jugement, sans aucune forme de procès et où l'on est soumis aux tortures et aux avanies les plus incroyables! Et c'est sous le couvert de la philanthropie que ce lieu existe, c'est sous prétexte de sollicitude pour la santé humaine qu'on l'a établi!

Puisque j'en suis sorti presque sain et sauf, ce n'est pas si effroyable, peut-on dire : attendez, vous saurez comment j'en suis sorti, et vous vous rendrez compte que c'est à l'encontre de ceux qui m'y avaient fait enfermer et de ceux qui m'y retenaient. Il a fallu pour cela un concours de circonstances aussi impossible à prévoir pour eux qu'il m'avait été impossible, à moi, de prévoir celles qui m'ont fait enfermer.

Quant à celles-ci, disons-en un mot. M'était-il possible de prévoir que parce que j'irais me réfugier chez mon père sous la vague impression que j'étais menacé d'un danger, je serais ainsi abandonné par lui, après ne lui avoir fait d'autre mal que d'aller l'embrasser? Pouvais-je me douter que parce que je coucherais dans sa maison, guidé en ceci par des sentiments d'affection pour ma mère qui se trouva seule, tous les autres, père, tante, fille, beau-fils, domestiques ayant disparu sans qu'on me dise pourquoi ni comment, pouvais-je me douter que je courais ainsi à ma perte et qu'on allait y travailler avec tant d'acharnement? Non; il y a eu ici des aberrations plus grandes encore que la mienne, puisque moi j'ai été victime et les autres bourreaux. Je ne puis, sortant d'un pareil abîme, que tirer des inductions, faire des suppositions; parmi celles-ci, je ne puis me dispenser de dire qu'il me paraît impossible que ma tête se soit dérangée ainsi, sans cause ni raison; car j'étais alors plus tranquille, je sentais mon esprit plus plein de force et d'espoir que jamais et, je l'assure aussi, je ne me faisais point illusion sur les difficultés de ce que je voulais *alors* entreprendre; mais je me croyais, j'en conviens, en état de les affronter et de les surmonter; et c'est alors que ma tête se trouble, c'est alors que d'épouvantables moyens sont employés pour me perdre! Je crois donc qu'il y a ici double crime : d'abord poison pour me troubler, puis cette série de *soins* et de *remèdes* pires encore... Car il n'est rien de pire que d'être mis où l'on m'a mis; toute autre manière de s'attaquer à l'existence et à l'honneur d'un homme n'est rien auprès de celle-là. La mort? je l'ai soufferte plusieurs fois; les tortures? elles ont été si grandes que la puissance de souffrir fut épuisée en moi; je suis devenu plusieurs fois aussi inerte, aussi insensible qu'un corps mort, et assurément on aurait pu plusieurs fois me plonger un couteau dans le cœur que je n'aurais rien souffert de plus; les convulsions de l'agonie auraient simplement agité mon corps, et voilà tout.

Mais en quoi cette manière de perdre un homme est la plus abominable entre toutes, c'est qu'elle s'attaque à la plus noble partie de son être, à son intelligence ; c'est qu'on veut déshonorer, détruire à jamais cette même intelligence. L'homme qui a été mis là, puisse-t-il en sortir, ne pourra jamais plus être rien dans la société ; en outre de l'ébranlement qui ne peut manquer d'en résulter dans ses facultés, on dira de lui encore : c'est une tête faible qui s'est dérangée, qui peut se déranger encore. Voilà les conclusions vulgaires ! Je puis voir ma raison suspectée par le plus infime des humains ! et je n'aurai encore aucune bonne raison à leur opposer, à moins toutefois que je ne parvienne à découvrir (ce qui, je le comprends bien, sera très difficile) que mon trouble a été obtenu par l'effet d'un poison. A défaut de l'aveu des coupables, qui seuls pourraient établir ce point, la précipitation que l'on mit à me faire disparaître de ce monde par le plus ignoble des moyens n'en est-elle pas une forte présomption ? Cette précipitation n'est-elle pas un indice que l'on craignait que ce trouble cessât bientôt ? Le mode de traitement employé ne l'a-t-il pas été pour qu'il ne cessât plus ? Ce sont là des questions qu'une société soucieuse de sa dignité et de la sécurité de ses membres doit résoudre. Quoi de plus effroyable, en effet, qu'un établissement soi disant philanthropique auquel des parents qui peuvent être de bonne foi vont confier des malades pour les guérir, et qui, si ça leur plait ou cédant à certaines influences, font tout le contraire ?

—

Ces immondes brutes qui, chez mon père, m'ont tenu toute une nuit couché sur une paillasse posée à terre, comme pour m'étouffer, je les connais, je les rencontre dans B...; ils sont pour moi de vrais assassins : eh bien, il faut bien me garder qu'une colère bien légitime me fasse lever la canne sur eux ! La loi, cette pudibonde, interviendrait pour les protéger, tandis que, telle qu'une prostituée, elle m'a laissé contre eux sans plus de protection qu'un chien enragé. Je puis bien parler ainsi, car un représentant de la loi, M. P..., le commissaire central, est venu dans la maison, je l'y ai vu, et cependant les choses ont suivi un cours tel comme s'il n'y avait aucune police dans B...! Aussi, cet abandon de tous, ce défaut absolu de toute protection, cette chose étrange que des portefaix ivrognes fussent les maîtres dans une maison que je pouvais considérer comme mienne, me firent-ils croire qu'une révolution épouvantable avait lieu, et que le règne de la plus affreuse canaille était intronisé! Or c'était sous le règne de Napoléon III. Tous ceux qui ont coopéré à ma perte sont gens du parti *honnête*, du *bon ordre*, et, en présence de ce père abandonnant son fils qui vient de l'embrasser, de ces gendres laissant assommer et faisant incarcérer leur beau-père dans le lieu le plus affreux de la terre et avec l'intention bien arrêtée de l'y laisser périr de désespoir, on peut bien rester convaincu que le parti *malhonnête* et du *désordre* ne pourra jamais les égaler!

Et tout n'était pas fini là, comme vous le voyez. Dans le lieu où je suis, vous avez vu, lecteur, comment on a *travaillé à effacer* l'horreur de choses qui ne paraissent possibles que dans des rêves et sous l'empire du plus épouvantable cauchemar!

—

Poursuivons notre récit. A force de supplications, on finit par m'ouvrir cette grille dont d'abord on me défendait l'approche. Je fus conduit dans une petite salle où se trouvaient d'autres hommes; l'un, nommé Jonh, assis en face de la croisée, se mit à pousser des gémissements de terreur, comme s'il avait peur qu'une bombe fît irruption par la croisée et éclatât dans la salle; un autre, Trinchan, se tenait près du mur à droite de la croisée, il avait toujours la tête baissée, les coudes appuyés sur les genoux, et de temps en temps il se tournait vers le mur, épouvanté, comme si des boulets allaient le démolir; un autre, nommé Michel, parlait toujours, il donnait son avis, exprimait ses craintes et paraissait instruit de ce qui se tramait par là; Charles se roulait sur une chaise longue en paille; le nommé Crespon se trouvait là dans une béatitude complète, et Ferdinand s'y trouvait tranquille comme chez lui. Celui-ci me plut plus que les autres; il avait parfaitement l'air d'un homme sensé et raisonnable.

Une table ovale en noyer est au milieu de cette salle; on met six couverts, six verres, trois en étain et trois en verre, alternatifs; les cuillers, fourchettes et couteaux sont disposés comme pour des opérations cabalistiques; six bols de différente couleur sont servis avec du bouillon à la pâte de Gênes. Charles le dégoûtant s'était déjà emparé de sa place, de ses jambes il embrasse un pied de la table afin de ne pouvoir en être délogé; Ferdinand prend le milieu, tournant le dos à la cheminée; je me mets entre lui et Charles, les autres places étant déjà occupées. A chaque portion qui m'était servie, Auguste, le garçon qui nous servait, me disait : *Mangez ça, M. Polite, ça vous fera du bien.* J'avais été soumis jusque là à une telle diète, que véritablement j'avais appétit, et je mangeai tout ce qu'on me donna. Seulement le temps qu'on nous donnait pour le repas ne dépassait guère un quart d'heure; aussi chacun se dépêchait de son mieux. Le quart d'heure écoulé, le couvert était enlevé, chacun emportait, s'il le voulait, ce qu'il n'avait pu manger, et on nous envoyait promener dans la cour. Là chacun se livrait à sa manie; Michel extravagait tout à son aise et disait à tout propos et à n'importe qui : *On te l'a dit, qui te l'a*

dit ; *aquos lou goubernament que bol nostre tèste.* Un
autre, nommé Mistral, se livrait à un va et vient continuel en
disant : *Voilà tout, il faut le tuer ;* et quand je lui demandais qui on voulait tuer, il éclatait de rire ! Tout là-dedans
n'inspirant que terreur et menaces de mort, je finis par
dire : Si vous voulez me tuer, tirez donc, faites feu et que
cela finisse !

Le soir j'étais ramené dans ma cellule. Si j'ai jamais dor-
mi dans ce lit, je n'en sais rien ; assurément mon sommeil
devait être très court, je gémissais chaque soir sur ce grabat tant qu'il me restait la force de gémir, et en même temps
un bruit de porte s'ouvrant et se fermant se faisait entendre
pendant un temps que j'évalue au moins à deux heures. Le
matin j'entendais descendre par un escalier, avec un fracas
inconcevable, comme une procession de personnes ; j'ai a-
perçu plus tard cet escalier, situé derrière *ma chambre,*
dans le passage qui conduit à la salle de bain ; il m'a paru
qu'il était en bois, ce qui explique sa sonorité. Ce tapage
infernal, matin et soir, n'était-il pas fait pour me désori-
enter ?

Ce n'est qu'un certain temps après que le gardien Baptiste
arrivait avec sa formule ordinaire : M. *Polite,* voulez-vous
vous lever ? — On me faisait lever des derniers, je trouvais
toujours d'autres hommes dans la grande cour, quand j'y
arrivais. Un beau matin, on me fit lever sans doute plus tôt ;
je trouvai pour tout habitant dans ladite cour un cheval !
Ne voulait-on pas me faire croire que là-dedans les hommes
se transformaient en chevaux ? Il se peut que ce fût pour le
faire paître le peu d'herbe qui se trouvait dans cette cour,
mais encore pourquoi m'introduire tout seul ce jour là ? Je
m'approchai ; que fait ce cheval de Belzébuth ? il couche les
oreilles et me menace des dents et des pieds ! Quand je vis
cela, je le laissai tranquille. Puis arrivèrent les gardiens

Auguste et Martin Cros qui eurent encore besoin de moi pour l'attraper.

Je supposais bien cependant que cet établissement ne devait pas être laissé entièrement à l'arbitraire de ses propriétaires et directeurs et que quelque jour viendrait quelque inspecteur chargé de le surveiller. En effet, pendant deux ou trois fois G... et Z... arrivèrent accompagnés d'un autre portant un lorgnon sur un œil et que les gardiens m'ont dit être de Q..., propriétaire de l'établissement. Celui-ci me regardait en souriant de l'air le plus cyniquement railleur que j'ai jamais vu, et voilà la visite faite, ils s'en allaient. A mes questions ils ne faisaient aucune réponse satisfaisante, à tel point que je jugeai qu'il était inutile désormais d'en adresser. D'autres fois ils arrivaient accompagnés d'un monsieur ayant un gros portefeuille dans la poche de sa redingote ; celui-là, me disais-je, doit être un inspecteur ; cependant il ne m'adressait aucune question et s'en allait sans dire un mot. Voilà toute la surveillance que j'ai vu exercer dans cet établissement pendant un mois que j'y ai été retenu, livré à leur discrétion absolue !

Il y venait aussi un prêtre dire la messe ; la première fois que l'on me conduisit à cette chapelle de lugubre apparence, où l'on parvient par un escalier, je vis dans un demi-jour sombre apparaître, sortant de la sacristie, un curé silencieux comme une ombre ; il officiait sans bruit, il ne levait pas même les yeux sur les assistants ; on aurait dit un fantôme de curé disant la messe devant une assistance de revenants ! Cette messe était bientôt dite, tout le monde se retirait silencieux, et nous voilà muni de la bénédiction pour toute la semaine !

Qu'un prêtre mette les pieds dans cet enfer sans demander à y exercer aucun contrôle, sans demander à questionner les détenus pour savoir s'il n'y en aurait aucun qui le fût injustement, voilà qui est bien digne des héritiers de la sainte inquisition !

———

Je pourrais raconter bien d'autres choses effrayantes, mais je veux abréger. Passons aux circonstances qui ont amené ma sortie. Ma femme, à laquelle on avait fait croire, pour qu'elle consente à me laisser enfermer là-dedans, que j'y serais bien soigné et qu'elle pourrait y rester pour y veiller, fut éconduite dès le premier jour ; tout moyen de me voir lui fut interdit, elle dut repartir sans savoir ce qu'on faisait de moi. Inquiète à ce sujet, elle s'en retourne de M..., arrive à l'établissement et demande à me voir ; elle ne put l'obtenir ! Ils savaient trop en quel état ils m'avaient mis déjà ! Elle revint au bout de quinze jours ; tout ce qu'elle put obtenir, ce fut de me voir par une fenêtre fermée d'une jalousie, dans une cour où l'on me fit circuler un moment dans cette intention sans que j'en susse rien. Elle fut renvoyée ainsi ; tant il est vrai que le système de *soins* employé là-dedans a besoin du huis clos ! Vous ne vous soustrairiez pas, misérables, à tous les yeux, sauf ceux de vos complices, si vous opériez véritablement dans l'intérêt du malade qu'on vous a confié !

Au bout du mois, il fallut qu'elle eût recours à l'intervention du procureur impérial, pour qu'il lui fût permis de me voir. Ne pouvant plus l'empêcher, voici le stratagème qu'ils employèrent envers moi, continuant ainsi leur système pour me faire croire à leur magie : « Voulez-vous que *nous vous fassions voir* votre dame, votre jeune demoiselle, ainsi que votre mère ? » vinrent ils me dire. A cette demande pouvaient-ils douter de la réponse ? Non, car je me lamentais précisément tous les jours de ne pas les voir ; mais leur but était de me faire croire qu'ils m'accordaient une faveur, en mettant ainsi leur magie à ma disposition, et et d'y mettre une *condition*, en faisant ce qui était alors pour eux une obligation qu'ils ne pouvaient éviter. Il faut, me dirent-ils, si vous voulez que nous vous les fassions voir, que vous nous promettiez de *rentrer !* — Pour obtenir ce qui était pour moi si inattendu et si inespéré, j'aurais promis bien plus encore! On me fit traverser le verger longeant le mur nord de cette cour où j'avais été détenu de longs jours tout seul ; puis ce mur est, de distance en distance, percé de grilles donnant de l'air et du jour dans la cour des femmes. Je crois, en rassemblant mes souvenirs, que c'est le même chemin qu'on a suivi lorsqu'on m'a incarcéré. J'arrive dans le parterre, et là, au milieu d'une allée bordée de buis, je trouve celles qui m'attendaient. Ma joie fut grande de les voir en bonne santé ; j'avais eu tant d'appréhensions sur leur compte ! Je les embrassai, réembrassai encore. Ma jeune fille, dont le sort me donnait le plus d'inquiétude, car ç'aurait été ceux qui étaient les bourreaux de son père qui auraient été chargés d'en prendre soin, je la trouvai heureuse, contente de me voir ; elle ne pouvait, la chère enfant, s'imaginer dans quel enfer j'étais ! Je trouvai que ma femme avait l'air d'avoir l'esprit frappé ; je m'y attendais bien ! mais elle n'était pas malade, tandis que, en jugeant par analogie du sort qui m'était fait, je m'étais figuré toute sorte de choses et que, lorsque j'avais tâché de m'informer auprès de Z... de ce qu'étaient devenues ma femme et mes filles, il m'était répondu : Votre dame est plus *maillade* que vous.

Ce fut un grand bonheur pour moi de revoir ces trois personnes, qui m'étaient les plus chères ; cependant, puisque d'une part j'avais promis de rentrer et que, de l'autre, elles ne portaient aucun ordre de délivrance, je me résolus à les quitter ; et pour fortifier leur courage, je leur dis :

Eh bien ! je vous ai vues, vous vous portez bien, je suis content ; qu'on nous sépare maintenant pour toujours, si l'on veut ! — Il faut dire que le directeur, Z..., assistait à l'entrevue. Il y avait aussi la domestique de ma mère.

Comment trouvez-vous ce procédé, lecteur, de ne me permettre de voir ma famille que sous promesse de rentrer ? Ça paraît un procédé presque innocent, car enfin je pouvais bien ne pas tenir cette promesse, dira-t-on. D'abord considérez qu'un mois de séjour là-dedans ne peut donner au malheureux détenu qu'une idée fort restreinte de ses droits ; et puis j'y avais été incarcéré d'une telle manière, qu'il était parfaitement évident qu'il n'était pas absolument *nécessaire* de ma bonne volonté pour me faire rentrer.

Mais leur but était tout autre ; ils savaient que la violence ne serait pas nécessaire, *l'expérience* le leur a appris sans doute ; ils savaient que cette première satisfaction me remplirait de bonheur et que je n'exigerais rien de plus *pour le moment*. Mais de cette entrevue ainsi *ménagée* ils pouvaient obtenir un grand point qui leur aurait assuré ma *propriété :* Il est évident, en effet, que si on amène le malheureux séquestré là-dedans à se séparer des personnes qui lui sont chères, ils sont autorisés à dire après, avec une apparence de raison : vous voyez bien qu'il est fou ! — La famille ignorant cette ruse de serpent, la présence de Z... ayant empêché les confidences, peut bien se retirer en emportant cette triste conviction ! elle peut se persuader qu'un *mois* de plus de *soins* est encore nécessaire, et un mois là-dedans c'est l'éternité !

Je ne tardai pas à m'en apercevoir : comment ! me dis-je, tu étais avec ta femme, ta fille, ta mère, et tu as consenti à t'en séparer ! tu n'aurais pas dû le faire, tu aurais dû te faire hacher plutôt !

Ma femme m'avait promis de revenir le lendemain ; elle

revint, en effet, accompagnée également de ma fille, de ma mère et de la domestique. Cette fois on nous laissa causer sans témoins. Je dis à ma femme qu'il ne fallait pas payer un nouveau mois, parce que tant qu'on paierait on me garderait. Je lui expliquai qu'on ne pouvait me retenir là malgré elle et que je voulais sortir. Mais, d'un côté, ma mère lui disait qu'il fallait un certificat; d'un autre côté, elle avait rencontré, le matin, *deux agents* qui lui avaient dit que si elle me faisait sortir, elle encourrait une grave responsabilité; de façon qu'elle était bien embarrassée. Enfin elle se retira et me dit qu'elle reviendrait le soir; je les accompagnai près de la porte de sortie, j'insistai pour les suivre et je dis à Z... qu'il eût à employer la force, que je ne me séparerais pas volontairement de ma famille. Il fallut cependant encore le faire, rentrer dans l'enfer. Pour consolation, Z... vint me dire après, lorsque je réfléchissais dans la douleur de cette nouvelle séparation : Vous voyez bien que vous êtes fou, vous vouliez qu'on employât la force pour vous faire rentrer !

J'omets un détail du dîner que j'ai fait ce jour là à l'établissement et qui est le dernier repas que j'y ai pris. Ce serait une horreur de plus à ajouter ; mais nous en avons déjà tant vu ! J'omets aussi d'autres choses...

Le soir ma femme revint. Z..., sachant qu'elle était bien décidée à me faire sortir, me dit alors : Vous pouvez sortir. — Je fus si surpris que je me le fis répéter. Alors je pris ma femme et ma fille, une à chaque bras, et je me sauvai. Voyez quelle manière de congédier un malade qui était censé avoir reçu des soins chez lui ! Vous pouvez sortir ! Il avait assurément la pensée que ma mise en liberté ne serait que provisoire. L'état d'esprit dans lequel se trouvait ma femme, la terreur que lui avaient inspirée les menaces des *deux agents* lui parurent une sûre garantie qu'elle serait hors d'état de me conduire. En effet, lorsque je fus sur la route elle n'osait pas m'emmener ; ce fut moi qui dus l'entraîner ! Elle me suppliait avec pleurs de rentrer, croyant commettre un rapt ! Voyez à quel degré ces monstres ont poussé la ruse, et combien peu ils avaient l'intention de me lâcher, qu'ils avaient terrifié et épouvanté la seule personne qui eût l'autorité et la volonté de me faire sortir !

Z... connaissait en outre les dispositions et l'accueil que je devais recevoir de ceux qui m'avaient fait enfermer, et il devait être persuadé que je lui serais ramené bientôt. Le médecin G... l'avait dit à ma femme : Si vous le prenez, vous serez obligée de le ramener. — Et certes le concours de nos deux gendres ne lui aurait pas manqué dans ce cas là, tandis que, pour me rassurer, pour me tranquiliser, pour me montrer quelque affection, il lui a fait complètement défaut. Cela se comprend : la victime qui survit aux coups mortels qu'on a cru lui donner devient un spectre effrayant pour les coupables !

C'est de m'être imaginé qu'on voulait me faire assassiner que j'ai été effrayé et troublé ; eh bien, je sais maintenant que ce danger là est une vétille auprès de celui d'être enfermé dans cet enfer ! L'assassin qui m'aurait frappé d'une balle ou d'un poignard mériterait mieux mon pardon que ceux qui m'y ont mis ! car, lorsqu'on survit à de pareilles choses, ce n'est plus une vie, ce souvenir c'est un tourment jusqu'à la mort ; or, il aurait bien mieux valu pour moi, et aussi pour *les autres*, que tout fût terminé ! L'horrible privilége de dévoiler des abominations inconnues au monde ne saurait être une compensation !

L'enseignement que j'ai retiré de cette épouvantable manière de soigner un malade, et que je livre à l'appréciation publique, c'est qu'il a été découvert, le moyen de commettre les plus grands crimes et de rester des honnêtes

gens ; car qu'est-ce que tuer le corps auprès de tuer l'âme?
Et le législateur, en vrai matérialiste, ne punit pas ce crime,
bien au contraire il l'autorise ! Et, puisque le ministère public m'a refusé son concours, je traduis les coupables devant le seul tribunal qui me reste, celui de l'opinion publique; à elle de les juger ! Et vous, législateurs, voyez ce qui
peut se passer sous l'empire de vos lois ! hâtez-vous d'a-
bolir cette loi et ces lieux infâmes, sans quoi vous devien-
driez leurs complices !

Je suis victime du plus grand attentat qui puisse s'accomplir sur un homme. Quel a été le but, le mobile de ce
crime? Je suis persuadé qu'une enquête convenablement
faite amènerait de terribles révélations. J'ai été traité évi-
demment comme un homme qu'on veut perdre, et vous
avez vu en partie, lecteurs, quels moyens effroyables on a
employés pour cela. Quel serait donc ce grand intérêt attaché à ma perte? Cette question devrait être approfondie.

Quoique je ne mette point mon nom sur cet écrit, je serai
facilement reconnu par les lecteurs de B... Je m'en remets
pour me venger à la justice du peuple ! car sache-le bien,
peuple, celui qu'on a voulu faire périr si misérablement
c'était ton ami, je te l'assure. Après une vie laborieuse et
des plus pénibles, après avoir travaillé comme le doit un
père pour sa famille, je croyais pouvoir consacrer le reste
de ma vie à la cause du peuple ; je l'aurais peut-être pu faire
efficacement, si mes projets n'avaient pas été renversés
d'une manière si épouvantable ! et je me demande si ce
n'est pas cette crainte qui a ameuté contre moi tout ce qu'il
y a de plus infâme ; mais infâme qu'on ne peut s'en faire
une idée ! Voilà, par exemple, un homme dont la vie pourrait être citée comme exemplaire, il a été laborieux, honnête ; il a aimé sa famille ; il a de l'intelligence, il l'a prouvé
par plusieurs inventions ; cette intelligence peut être encore

utile en ce monde : un moment cette intelligence s'obscurcit (reste à en pénétrer la cause), et voilà qu'on lui tombe dessus avec furie, qu'on l'étouffe presque, dans une maison où il aurait dû recevoir les soins les plus empressés ! Ce trouble, qui certainement n'aurait été que momentané, on cherche à le rendre éternel ! Ce passé de labeur et de devoir ne vous a pas arrêtés, sacriléges ! misérables ! vous porterez au front la marque de votre infâmie, je vous maudis ! je ne pardonne que ma fille sous condition de repentir.

Ah ! si cette intelligence que vous vouliez perdre n'avait été que celle d'un égoïste, votre crime ne serait pas si grand : des égoïstes il y en a toujours trop. Mais que ce soit juste lorsque je voulais et que je croyais pouvoir travailler utilement au bien public, que j'en ai été *puni* d'une manière si infernale, voilà ce dont je ne reviens pas ! Il faut qu'il y ait là-dessous les agissements de quelque ténébreuse affiliation ; j'ai aperçu les deux bouts des oreilles de l'âne, qui m'ont fait voir que la politique de l'Empire, doublée de jésuitisme, ne reculait devant rien pour combattre ses adversaires, lesquels, selon eux, sont d'autant plus dangereux qu'ils sont plus honnêtes ! Le manuscrit qui contenait mon projet d'exploitation agricole actionnaire fut réclamé à ma femme par le directeur de l'établissement, laquelle néanmoins ne le lui donna pas (pourquoi?). Et pour prolonger mon incarcération, on lui disait qu'il fallait me laisser là jusque après les élections législatives qui approchaient... Il m'a été reproché là-dedans de ne pas aller à la messe ! Le médecin G... me turlupinait, dans ses visites, d'être fouriériste. Voilà bien l'autre oreille ! C'est donc l'adversaire politique et le partisan de la doctrine socialiste, à laquelle, croyous-nous, l'avenir appartient, que l'on a voulu atteindre ; et si ce que j'ai enduré démontre combien *étaient* redoutables les haines de nos pouvoirs politiques et *religieux*, cela démontre aussi leur faiblesse : il n'y a que le despotisme le plus affreux et les *erreurs les plus grossières* qui puissent avoir recours à de pareils moyens pour *supprimer* leurs adversaires ! Les violences et les terreurs ne sont employées que pour suppléer à la justice et à la vérité absentes.

M'explique qui pourra aussi comment il se fait que je ne jouisse d'aucune protection légale. Une plainte fut portée par moi en juin 1869 au procureur impérial ; il n'y donna aucune suite. J'allai trouver avoués et avocats (deux ou trois de chaque), ils me dissuadèrent de faire un procès. J'ai renouvelé ma plainte devant le procureur de la république, lequel fit appeler mon gendre C... Eh bien, voici quel serait le résultat de ses investigations : ce serait ma femme qui aurait requis mon incarcération, ce serait elle aussi qui aurait loué les scélérats qui pensèrent m'étouffer ! tandis qu'elle voulait les chasser et qu'ils ne l'écoutèrent pas ! Vraiment rien n'égale la ruse de mes ennemis, et leurs mesures furent prises on ne peut mieux. Ils avaient la certitude du succès, ils ne pensaient pas avoir cette petite contradiction, que je reviendrais de *l'autre monde* pour raconter leurs hauts faits.

N'ai-je pas cependant été victime d'une véritable tentative d'assassinat par violences et meurtrissures ! Je me le rappelle fort bien, personne ne me l'a raconté ; ma femme elle-même qui était présente, accablée et bouleversée, n'a pu reconnaître les individus et moi je les ai reconnus ! On croyait certainement *travailler* sur un cadavre que la terre allait recouvrir, ou que du moins on allait me *soigner* de telle sorte que je ne saurais jamais rien dévoiler !

Figurez-vous un peu ceci, lecteur : j'étais chez mon père, la maison fut envahie par une foule importune, des portefaix s'emparent de moi, ceux qui me devaient protection ont disparu ou se cachent; cela dure ainsi deux jours, je crois, pendant lesquels se débat la question de m'expédier à M..., dans le joli lieu que vous savez, ces chers gendres avaient déjà tout préparé! Ma femme, pendant ces deux jours, résista, elle ne voulut pas y consentir. Alors un part[i] suprême fut pris. Cette maison, c'était la maison de tout le monde, entrait qui voulait; cela entretenait certainement mon trouble, mais cela n'était rien tant qu'on ne me faisait pas de mal; mais, c'est le soir du troisième jour, il entra, par cette porte ouverte à tout le monde, trois vauriens, mais comme on n'en a jamais vu! l'un s'approche de moi qui étais sans méfiance, il me dit qu'il est d'A... (du pays de ma femme), il me saute sur un bras; l'autre, qui était énorme (l'artilleur, tel est son sobriquet), me saisit par l'autre, un troisième, *Montblanc* (je n'ai su les noms que depuis mon retour, je n'avais pas l'honneur de connaître d'aussi bons sujets), un troisième et peut-être un quatrième leur prêtent les mains; je fus étendu sur une paillasse et toute la nuit maintenu là, quelques efforts que je fisse pour me dégager! Ils devaient avoir pour mission de m'étouffer, ces gens là! Que j'aie pu résister à un bouleversement pareil, c'est bien étonnant! est-il permis de traiter un homme ainsi? parce qu'il déraisonne, dira-t-on? Eh! c'est bien le moyen de le faire déraisonner plus fort! Néanmoins je n'avais pas perdu tout jugement, puisque je compris que j'avais à faire à des ivrognes, et que, pensant apaiser leur furie, je leur promettais tout le vin qui me restait à la campagne. Vaines promesses, vaines supplications! le vin ne leur manquait pas, le gendre C... avait pourvu à cela! l'automate infernal de gauche, *l'artilleur*, restait aussi implacable que le bronze; à droite, celui d'A..., moins fort, mais aussi cyniquement sans pitié; sur mes genoux, la brute, l'idiot *Montblanc*. Je me rappelle et j'indique bien la

position de mes trois assassins ; et cela se passait ainsi sans
que personne prît ma défense ! le gendre C... avait eu la
prévoyance d'emporter ma mère à la chambre et de rester
là pour la garder pendant que cela se passait en bas. Sous
prétexte que cet homme est *innocent,* c'est-à-dire hors
d'état de se défendre et de deviner le mal qu'on veut lui
faire, on cherche à le faire succomber dans les tortures !
et voilà ce que des avocats, des avoués, des procureurs
impériaux trouvent irréprochable ! je survis à de pareilles
atrocités, je reconnais, je dénonce les coupables : autant
en emporte le vent ! Parmi les avocats, les avoués, les
médecins, je comptais des connaissances, quelques uns
se disaient mes amis ; eh bien, non seulement aucun n'est
intervenu en ma faveur, mais à mon retour je n'ai pu découvrir chez eux le plus petit mouvement d'indignation ! C'est
pour eux simple comme bonjour que j'aie été traité ainsi !
Il y en a un qui a poussé le grotesque jusqu'à me dire en
se rengorgeant, lorsque je lui racontai qu'on avait voulu
profiter de mon incarcération pour me faire interdire, *qu'il
m'aurait protégé dans ce cas là !* Ce que j'ai enduré ne
valait pas la peine qu'il se dérange pour l'empêcher ; pour
des *protections* de ce calibre, il me valait autant celle de
Pépézut !

Quelques mots encore, *citoyens.* Qu'un individu ayant
enduré les abominations que je viens de raconter en partie
reste une *nullité,* j'espère que vous le trouverez excusable.
Le but de mes ennemis est donc atteint ; mais, dans vos
intérêts, pénétrez ce mystère, si c'est possible : que ce soit
justement lorsque je voulais servir la société, que j'en ai
reçu un si gentil encouragement ! Avouez qu'il y a bien de
quoi ne pas oser recommencer ; mais cela est dans ma na-
ture, je le ferai encore si je peux. Mais si je peux bien peu,
ou si je ne peux rien, sachez au moins ce qui m'a paralysé.

Il est évident que lorsqu'on sort d'épreuves pareilles (dont peut-être aucun autre n'est sorti), on ne peut plus avoir la même confiance ni dans soi ni dans les autres.

———

J'ai été obligé de jeter l'odieux sur qui le mérite ; les liens qui pouvaient me retenir ne les ont pas retenus, eux ! Ils savaient qu'ils faisaient le mal, qu'ils accomplissaient ou laissaient accomplir un crime, puisque la seule excuse qu'ils pouvaient avoir, que c'était *pour mon bien* qu'on m'avait mis là, est détruite par ce fait qu'ils ne sont pas venus voir si *mon bien avait lieu !* puisqu'ils n'ont montré aucune satisfaction de mon retour à la vie et à la raison ! cela seul est un *nouveau* crime, car les maladies morales ont plus besoin d'affection que les autres ; et ils m'en ont refusé la plus petite démonstration ! et j'aurais des ménagements pour eux ! non, aucun lien n'existe plus et ne peut plus exister entre eux et moi !

Ne mettez donc plus les pieds dans ma maison, chers gendres, *surtout* dans le cas où je serais de nouveau malade ; *je vous remercie de vos soins !*

Et ces chers Z... et G..., quelle récompense civique ne dois-je pas solliciter pour eux, si dévoués pour les maux de l'humanité ! Je suis persuadé que trois ou quatre mois de chemise de force seraient sur eux d'un excellent effet ! Ils y en ont mis bien d'autres, et ils doivent être persuadés que cela fait *toujours du bien*. Je suis un ingrat, vraiment, de ne pas les remercier !

Et toi, médecin C..., qui vas trébuchant dans les rues de B..., c'est à ta maligne, quoiqu'idiote cervelle, que je dois l'arrêt qui m'a livré à ces démons échappés de l'enfer ! La chemise de force, si *salutaire*, n'est pas nécessaire pour lui, il est perclus! en allant pourrir en terre, tu auras, je crois, une consolation, c'est d'y en avoir envoyé pourrir bien d'autres! Quant à C. V... et V..., ils prétendent qu'ils n'y sont pour rien : c'est ce qu'on peut savoir ; mais, comme médecins, ils doivent savoir ce qui se passe *là-bas*, et c'est indigne d'un honnête homme de laisser accomplir, *sur un ami surtout*, un pareil assassinat moral! Mais ne confondons pas, il n'y en a qu'un des deux qui se soit dit parfois mon ami.

—

Par quelle fatalité ai-je été précipité dans un si profond abîme ? Par quelle fatalité faut-il que j'y survive ? Si utilité il y a, ce ne peut être que pour que je flétrisse d'infâmes, d'immondes hypocrites ; pour que je dévoile ces bourreaux des âmes, bien plus criminels que les assassins. Cette tâche, j'ai taché de l'accomplir.

Peuple, maintenant que tu es souverain, c'est à toi à détruire les abus et les mauvaises lois ; je te signale le lieu d'où je suis sorti comme l'antre le plus redoutable du Jésuitisme ; il n'y a que ceux qui *assassinent avec un fer béni*, que ces spéculateurs *d'enfer*, qui aient été en état de de le *réaliser* d'une manière aussi affreuse. Je n'ai pu me procurer la loi du 30 juin 1838 (sur les aliénés); j'ignore quels sont les promoteurs de cette loi, mais ce ne peut être que les jésuites qui l'ont conçue et soufflée à leurs auteurs. N'ayant plus les bûchers et l'inquisition, ils se rejetèrent sur cette loi pour faire disparaître *parfois* les esprits qu'ils auraient à craindre ; et ils avaient toutes chances pour eux, car les esprits novateurs ont rarement leurs parents avec eux ; et, on en conviendra, il n'a pas dû être difficile pour eux de décider des gendres comme ceux que j'ai à leur livrer ma personne. Mon instinct me le dit, dans cette nuit néfaste (pendant laquelle, j'en conviens, j'ai eu l'esprit troublé), que j'avais des ennemis (pourquoi?) capables de tout ; qu'ils avaient dépêché un assassin pour m'assassiner (et j'ai vu l'homme que j'ai cru être l'assassin) ; que pour m'atteindre, ils sauraient au besoin ouvrir les serrures avec des fausses clefs : eh bien, mon imagination était restée bien en-deçà de la vérité, car on m'a presque assassiné publiquement, au vu et su de beaucoup de monde, et on me mit pour me *soigner* dans un lieu que mon imagination, aurait-elle travaillé cent ans, n'aurait pu concevoir rien d'aussi infâme !

Ma maladie aurait-elle été causée par ma seule imagination, qu'ils n'en seraient pas moins coupables ; car, au lieu de chercher à me guérir, ils n'ont cherché qu'à me rendre incurable !

République, tu dois me venger ! il t'importe de découvrir et déjouer les trames de cette affiliation infernale, dont la profession est de commettre les plus grands attentats (ceux qui s'exercent contre la raison et l'intelligence humaine). Ils avaient et ils ont sans doute encore des appuis dans les emplois publics, qui leur assurent l'impunité ; il t'importe de découvrir quels sont ces appuis des crimes les plus dangereux, parce qu'ils se masquent sous le couvert patelin de la bienfaisance. Je crois qu'il y va de ta sûreté, car, ce sont tes ennemis, et ils savent revêtir tous les masques !

Même en réduisant l'affaire aux proportions aussi petites que l'on voudra de mon individualité, ne serais-je pas en droit de dire que je ne fais point partie d'une société policée, puisque, tous les crimes ayant été commis sur moi, les coupables n'auraient qu'à recommencer avec de *meilleures précautions* pour en faire disparaître les traces et toutes chances de punition ! plus leurs chances d'impunité ont été grandes, plus leur châtiment devrait être exemplaire !

Voici la série de ces crimes : d'abord des portefaix brutaux et ignobles s'emparent de ma personne ; de quel droit et d'après quels ordres ? d'autres plus féroces encore leur succèdent, et peu s'en faut que je n'aie succombé sous leurs étreintes immondes ; puis je suis victime d'un rapt avec violence et garrotement ; de quel droit encore ? J'avais le malheur de divaguer (qui n'aurait pas divagué dans une situation semblable ?) ; mais j'avais bien un domicile, pourquoi ne pas m'y porter ? je suis conduit devant les portes de l'enfer, et avec toute ma connaissance, puisque je me le rappelle ; je suis livré à une nouvelle série d'atrocités et d'avanies auprès desquelles les autres ne sont rien ; malgré tout, je recouvre ma raison, je n'en reste pas moins séquestré dans ce lieu infâme, où l'on a tout fait pour me la faire perdre, et où l'on a persisté à vouloir me retenir malgré mon plus violent désespoir, qui m'aurait poussé certainement (j'en avais formé la résolution) à m'ôter la vie, plutôt que de rester là détenu indéfiniment, sans espoir de délivrance !

Voyez quelle chance pour *mes honnêtes ennemis !* Je me serais donné la mort de désespoir, et ils auraient dit : M. un tel s'est donné la mort dans un *accès de folie !* Et ces gens là auraient été *honnêtes plus que jamais*, ils seraient censés avoir tout fait *pour me guérir !* Quel est le cœur humain qui ne soit soulevé d'indignation ?

Outre les crimes contre ma personne, ma propriété (prix du crime) aurait été partagée de mon vivant par ma séquestration prolongée, ou par mon interdiction qu'on voulait demander, ou encore mieux par ma mort prématurée. Les

valeurs que j'avais acquises par mon travail, on a tout fait
pour nous les enlever; et il est bien permis de douter que
nous les eussions retrouvées intactes; tant d'empressement
à s'en emparer, dans la situation où nous étions, ne signifie
pas que ce fût pour nous les conserver !

Ma femme, sur laquelle des violences ont aussi été exercées, à laquelle on a extorqué un consentement qu'on *savait
inconscient*, pour me faire séquestrer, et ma fille mineure
ont aussi été victimes de ces crimes. A l'une on enlevait son
mari, à l'autre son père, et on les mettait toutes deux au
désespoir !

Si cette série de crimes laisse la justice impassible, il
faut convenir que notre appareil judiciaire n'est qu'une
ridicule comédie, laissant le champ libre à des criminels
privilégiés, et que ce n'est que le menu fretin et quelques
autres qui, pour la forme, passent entre ses mains !

On m'objectera que la justice ne peut agir sur une dénon-
ciation anonyme (on comprendra pourquoi je ne mets point
mon nom sur cet écrit); à cela je réplique que les plaintes
que j'ai portées ne sont pas anonymes, et si nous étions encore dans les beaux jours de l'Empire, on saurait probable-
ment me trouver et me faire peut-être condamner comme
diffamateur, ou me faire passer pour quelqu'un *qui ne sait
pas ce qu'il dit*. L'infâme préfet qui a rendu l'arrêté qui a
autorisé ma séquestration savait assurément que *je le savais très bien ce que je disais*, puisqu'il ne le rendit que
pour me faire disparaître de la scène politique. Quoi d'é-
tonnant que des monstres comme ceux-là aient précipité la
France dans l'abîme où elle est !

Dans une prochaine publication, j'expliquerai mes projets de l'année dernière, et on pourra peut-être se rendre
compte que si j'avais pu y donner suite et qu'ils eussent été

couronnés de succès, bien des malheurs auraient été évités ;
mais j'aurais bien besoin d'un peu d'appui moral, et de savoir que *je ne prêcherai pas complétement dans le désert.*
A l'appui de mes convictions, je crois pouvoir dire que pour
qu'elles aient résisté à ce que j'ai enduré, il faut bien
qu'elles soient fortes et fondées !

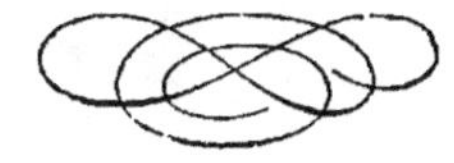

BIBLIOTHEQUE NATIONALE DE FRANCE
3 7502 008110357

www.ingramcontent.com/pod-product-compliance
Lightning Source LLC
Chambersburg PA
CBHW061319060726
47596CB00003B/979